SCOTS POEMS FOR BAIRNS

SCOTS POEMS FOR BAIRNS

THE BEST O JK ANNAND

JK ANNAND
ILLUSTRATIT BY BOB DEWAR

First published in the UK in 2024 by Itchy Coo

ITCHY COO is an imprint and trade mark of
James Francis Robertson and Matthew Fitt and used under licence by
Black & White Publishing Ltd
Nautical House, 104 Commercial Street, Edinburgh, EH6 6NF

A division of Bonnier Books UK
4th Floor, Victoria House, Bloomsbury Square, London, WC1B 4DA
Owned by Bonnier Books
Sveavägen 56, Stockholm, Sweden

Text Copyright © Dictionaries of the Scots Language SCIO, 2024
Edited by Matthew Fitt and James Robertson
Biographical preface on JK Annand © Matthew Fitt and James Robertson
All illustrations except the pages listed below copyright © Bob Dewar, 2024

Illustrations on pages:
3, 44 © Adobe Stock
25 (swallow), 42, 43, 49 by Tonje Hefte
25 (waves), 48 © Shutterstock

Cover design by Richard Budd

All rights reserved.
No part of this publication may be reproduced,
stored or transmitted in any form by any means, electronic,
mechanical, photocopying or otherwise, without the
prior written permission of the publisher.

A CIP catalogue record for this book is available from the British Library.

ISBN: 978 1 78530 644 0

1 3 5 7 9 10 8 6 4 2

The publisher acknowledges receipt of the Scottish Government's Scots Language
Publication Grant towards this publication.

Layout by Black & White
Printed and bound in China

www.blackandwhitepublishing.com

CONTENTS

JK Annand — vii

Elephant	1	Whitrick and Houlet	18
Crocodile	2	The Tod	19
Hippopotamus	3	Grumphie	20
Zebra	4	Postie	21
Giraffe	5	Fishin Boat	22
The Thrissle	6	Whaup	23
My Sheltie	7	Mavis	24
Rain	8	Swallie	25
Bumbees	9	Doukin	25
Heron	10	Dentist	26
Laverock	11	Helter-Skelter	27
Grannie's Scooter	12	Slaister	29
Jennie Wren	13	Spaewife	30
Water-Craw	14	Dog Show	31
Hurcheon	15	My Doggie	32
In the Gairden	16	My Cuddie	33
Scaffie	17	Yellie-Yite	34

Nessie	35	Drum-Major	47
Storm	36	The Toun Band	48
Daisies	37	One-Man Band	48
Craws	38	Easter Egg	49
Choukie-Hen	39	A Finger Game	50
Food	40	Skippin Sang	51
Mince and Tatties	40	Street Talk	52
Twa-Leggit Mice	41	Easy-Oasy	53
Halloween	42	Snawman	54
Doukin	43	Robin Reidbreist	55
Stirlins	44	Yule	55
Come Sailin	44	Broun Bears	56
Piper	46		

JK ANNAND

The Scots poems of JK Annand are loved by readers, baith young and auld. He is famous for his poems aboot Nessie the disappearing monster, the Crocodile and his ugsome teeth, the Elephant that starts a hurricane with his lugs, the Twa-Leggit Mice that eat all the chocolates in the hoose, and many more.

James King Annand, the third of four sons, was born in Edinburgh in 1908 to Maggie Gold and William Annand, a plumber to trade. He attended Broughton High School and was editor of the school magazine. When he was just seventeen he wrote a review of a book of poems called *Sangschaw* by a new author called 'Hugh MacDiarmid'. This was the pen-name of Christopher Murray Grieve, who had been a pupil at Broughton before the First World War. Later the two men became friends and MacDiarmid inspired Jim Annand to write in Scots.

From school JK Annand went to Edinburgh University and trained to be a history teacher. In 1936 he married Beatrice Violet Lindsay, and they had four daughters. His teaching career was interrupted by the Second World War, when he served on the Arctic convoys taking supplies to the Russian port of Murmansk. Later he wrote about this dour and dangerous work in some of his poems for adults.

After the war he taught in a number of different schools, ending up as Principal Teacher of History at Firrhill High School in Edinburgh. He retired in 1971 and helped to found the Scots Language Society the following year. He carried on writing until his death in 1993.

Although JK Annand published many poems for adults, it's for his rhymes for bairns that he is best remembered. He published them first in newspapers and magazines, and then gathered them into three books, *Sing it Aince for Pleisure* (1965), *Twice for Joy* (1973) and *Thrice to Show Ye* (1979). These poems about birds and beasties and Scottish traditions are full of life and mischief, and countless mums, dads, aunties, grannies and grandas grew up learning them off by heart.

For this new collection we have updated some of the spellings for today's readers, not forgetting what JK Annand himself said when folk asked him how some of the words should be pronounced:

'Say them as you naturally do, or as they are said by Scots speakers in your part of the country.'

This book, brilliantly illustrated by the celebrated artist Bob Dewar, is for a whole new generation of bairns and weans, in Scotland and across the world, to have fun with and enjoy.

JK Annand generously bequeathed the rights to these poems to the Scottish National Dictionary Association, one of the predecessor companies of Dictionaries of the Scots Language SCIO. We gratefully acknowledge the Dictionaries' support for this new edition.

**Matthew Fitt & James Robertson
2024**

ELEPHANT

The elephant's a funny beast,
A tail at either end,
Twa teeth as lang as barbers' poles,
Nae waist – he canna bend!

When nae wind blaws tae cool the beasts
Upon the birselt plain,
The elephant juist flaffs his lugs
And sterts a hurricane.

The elephant's a cannie beast,
He wadna hurt a flee.
I think I'll write a letter and
Invite him til his tea.

CROCODILE

When doukin in the River Nile
I met a muckle crocodile.
He flicked his tail, he blinked his ee,
Syne bared his ugsome teeth at me.

Says I, 'I never saw the like.
Cleanin yer teeth maun be a fyke!
Whit sort o besom dae ye hae
Tae brush a set o teeth like thae?'

The crocodile said, 'Nane ava.
I never brush my teeth at aw!
A wee bird redds them up, ye see,
And saves me monie a dentist's fee.'

HIPPOPOTAMUS

The Hippo-pippo-potamus
Likes sprauchlin in the glaur,
Maks sic a soss and slaister
As I wad never daur.

The Hippo-pippo-potamus
Wad drive my mither gyte
But Missis Hippopotamus
Wad never think tae flyte.

But if I plowtered in the glaur
And cam hame black's the lum
I'd get an awfu tellin-aff
As weel's a skelpit bum.

ZEBRA

In winter time when it was dark
A pownie gaed tae Hampden Park.
His coat was wearin thin and auld,
Nae wunder he was feelin cauld.

He saw some washin on a line
And shouted, 'This will dae me fine.'
He streekit owre his heid and back
A jersey strippit white and black
And lookin like a fitbaw player
Lowpt like a rocket throu the air,
And when he landit back frae Space
Foundit the African zebra race.

GIRAFFE

I'm gaun tae knit a gravat
For Jamie the Giraffe.
I'll mak it fully twal fute lang
By twa fute and a hauf.

I'll hae tae get some besom shanks
For knittin-pins, I doot;
A hunder hanks o oo, or mair,
I'll need tae raivel oot.

He'll hap my gravat roond his craig
Tae bield him frae the cauld
Until I mak anither ane
When this ane's worn and auld.

THE THRISSLE

The thrissle is auld Scotland's flouer,
The emblem o oor land.
On rocky shore, in fertile field
It proudly taks it stand.

A braw reid toorie crouns its heid.
The spears on ilka leaf
Mak siccar that a rypin hand
Will fairly come tae grief.

Throu sun and shouer, throu wind and rain
'Twill neither jouk nor jee
But dauntonly it hens the warld:
'O wha daur meddle wi me?'

MY SHELTIE

Big Sandie has a motor bike
And Jock a pedal yin
Sae they can race alang the roads
And mak an unco din.

But I've a braw wee sheltie
That's big eneuch for me.
He lets me ride upon his back
For aw the warld tae see.

I whustle til him in his park;
He greets me at the dyke.
But ye'll never get a cuddle frae
A rusty iron bike.

RAIN

Rain-draps, rain-draps,
Stottin aff stanes,
Grannie tellt us ye wad come,
She felt it in her banes.

Rain-draps, rain-draps,
Skytin aff sclates,
Getherin in yer millions till
The burns rowe doun in spates.

Rain-draps, rain-draps,
Batterin on the pane,
Bash yersels tae smithereens
And dinna come again.

BUMBEES

As I gaed doun
The stackyaird dyke
I stuck a stick
In a bumbee's byke.

Sic a stishie
Sic a steer,
Sic a bizzin
Did I hear.

I got a stang
Frae a big bumbee
And jings! that stang was sair.
Never will I
Herrie a byke
Gif I leeve for evermair.

HERON

A humphy-backit heron
Nearly as big as me
Stands at the waterside
Fishin for his tea.
His skinnie-ma-linkie lang legs
Juist like reeds
Cheats aw the puddocks
Soomin 'mang the weeds.
Here's ane comin,
Grup it by the leg!
It sticks in his thrapple
Then slides doun his craig.
Neist comes a rottan,
A rottan soomin past,
Oot gangs the lang neb
And has the rottan fast.
He jabs it, he stabs it,
Sune it's in his wame,
Flip-flap in the air
Heron flees hame.

LAVEROCK

Laverock, laverock,
Liltin in the lift,
Singin like a lintie
On a dooble shift,
Never stop a meenit,
Never oot o puff,
Soarin like a jet-plane
Aff tae dae its stuff,
Mind ye dinna rush awa
Up high wi sic a speed
Ye dunt yer heid agin the sun
And faw doun deid.

GRANNIE'S SCOOTER

Grandpa drives tae mercat
The wey he always gaed.
He wadna swap his pownie
For the brawest motor made.

But Grannie says the pownie
Is auld, and had his day,
As mounted on her scooter
She's stourin doun the brae.

JENNIE WREN

Jennie Wren, ye sing sae crouse,
And yet ye're mair blate nor a moose,
Creepin intae hidey-holes
Whan huntin roond the elm boles.

Jennie Wren, I like yer nest.
It's biggit snodder nor the rest,
Wi ruif and door, and lined wi hair
Tae bield ye frae the caller air.

Tell me, Jennie, is it true
That Robin Reidbreist cam tae woo,
And whan he speired ye for his wife
Ye chased him for his very life?

WATER-CRAW

Water-craw, Water-craw,
Coat o black
And vest like snaw.
Bob tae left,
Bob tae richt,
Gie yer dirty neb a dicht.
Bob again and flee awa
Tae seek yer supper,
Water-craw.

HURCHEON

Hurcheon, hurcheon,
Huntin in the gloamin,
Snowkin in the hedge-fute,
Never dune roamin.

Slugs ye think a tasty bite,
Beetles quite a treat,
Rotten eggs are kitchen tae
The orra things ye eat.

Naebody can meddle ye
Until he learns the knack
O joukin aw thae jaggy pikes
Ye growe upon yer back.

IN THE GAIRDEN

When Grandpa delves his gairden
The merle and mavis rin
And raik aboot amang the mools
And nab the beasts they fin.

There's clipshears and there's clokers,
There's Jennie-hunder-feet,
There's worms and lots o orra beasts
That birds think guid tae eat.

Syne when they've gotten a nebfu
They'll flee aff tae their hames
Tae fill their gorbies' muckle mous
And stech their hungry wames.

SCAFFIE

A grand job a scaffie
Reddin up the toun,
Soop up the gutter,
Syne soop doun.
Gang wi the motor
Tae gether up the bins,
Rake throu the rubbish
And pooch the usefu things.
Lift up a bucket,
Dunt it, gar it dirl,
Drap it on the causeys
And lowp on for a hurl.

WHITRICK AND HOULET

The Whitrick is a soople beast
When huntin for its prey,
Joukin here and jinkin there
Aw throu the lee-lang day.

The Houlet is a waukrife bird
That hoots and hunts aw nicht
And never wants tae gang tae bed
Until it's braid daylicht.

Like Whitrick and like Houlet
Are my wee Nell and Ned;
Oor Nellie steers the lee-lang day,
Ned winna gang tae bed.

THE TOD

The slee tod cam tae the ferm toun
Ae simmer nicht, ae simmer nicht,
And said tae himsel as he snowked the air,
'There's gaislins there, there's gaislins there.'

He slippit by the wee cot-hoose
Whar aw slept crouse, whar aw slept crouse,
He won the shed whar the gaislins bide
And gaed inside, and gaed inside.

He waled oot ane o middle size,
A bonnie prize, a bonnie prize,
He grippit it ablow the heid
And kilt it deid, and kilt it deid.

He aff for hame by the muirland track,
Bird on back, bird on back,
Bringin for his bairns' delyte
A tasty bite, a tasty bite.

GRUMPHIE

Grumphie, Grumphie,
Howkin in the midden,
Daein whit ye like,
Never as ye're bidden.

Grumphie, Grumphie,
Slorpin up yer meat,
Sic a slaister
When ye eat.

Grumphie, Grumphie,
Snorin in yer sty,
Ye'll be bacon
Bye and bye.

POSTIE

Oh I'm a country postman and
Gang roond the countryside
Deliverin yer letters
Nae maitter whar ye bide.

Ilka bodie welcomes me
When I come on my bike.
Fermer, shepherd, plooman,
Collie dug and tyke.

I bring ye news frae Canada,
Frae Broxburn or Dundee,
A post-caird frae the seaside
Or an invite tae yer tea.

FISHIN BOAT

Jings, I'm wishin
They'd tak me tae the fishin.

Gif I catcht a haddie
I'd fry it for my daddy.

Gif I catcht anither
I'd cook it for my mither.

Gif I catcht three
We'd aw hae fish for tea.

WHAUP

I saw a whopper o a whaup
Doun at the shore yestreen,
It had the langest curly neb
That I had ever seen.

It delved sae deep intil the sand
Wi that lang curly neb,
Yirkin oot the worms tae eat
When followin the ebb.

But when it raise tae gang awa
Tae rest upon the muir
It sang an eldritch gurlin sang
And och! my hert was sair.

MAVIS

Mavis, mavis,
Rinnin owre the gress,
Cock yer lug, gie a tug,
Ae worm less!

Sing a sang at dawnin
On the highest tree,
Sing again at gloamin
A bonnie wee sang for me.

Sing it aince for pleisure,
Sing it twice for joy,
Sing it thrice tae shaw us
That ye're the clever wee boy.

SWALLIE

Swallie, swallie,
Fleein throu the air,
Catchin flees and midges
And siclike denty fare,
Joukin by the kirk spire
Wi scarce an inch tae spare
Or skimmin owre the water
Tae hunt the insects there,
Dart up tae yer mud-hoose,
Hover in the air,
Fill yer bairnies' gapin gabs
And dash awa for mair.

DOUKIN

Doukin in a burn
Doukin in the sea
In the sunny simmer weather
That's the ploy for me.

Clear caller water
Tummlin owre a linn
Gies a fissly feelin
Stottin aff my skin.

Soomin in saut water
When waves are rinnin hie,
I am a bonnie fechter
Conquerin the sea.

DENTIST

I'm gaun tae see the dentist
And sit upon his chair;
He'll twiddle wi his fancy knobs
And raise me in the air.

He's lots o orra nick-nacks
And water coloured pink
That I can hae tae synd my mou
Syne skoosh intil his sink.

And gif I'm unco lucky
He'll dae me up in style
Sae I'll can show a gowden tuith
That sparkles when I smile.

HELTER-SKELTER

Up the lang lether,
Oot the wee door,
Dowp upon the mat
Ready for a splore.

Cannie for a stert,
Tak things easy.
Gang owre fast
And ye'll feel queasy.

Wheech roon and roon
Gettin in a pelter,
Feenish wi a dunt –
That's the helter-skelter!

SLAISTER

Mum cries me a slaister,
Says naethin could be waur
Nor mellin sand and water
And slaisterin in the glaur.

When I'm aw glaur and slaistert,
As fast as ye can blink
Mum maks a graith o soap suds
And plops me in the sink.

Syne when I'm washed and tidied
And clean as clean can be
My Mum gies me a cuddle
And maks me chips for tea.

SPAEWIFE

The spaewife cam tae oor hoose
Chappit at the door
Speired for meat and speired for drink
As she has dune afore.

My mither sat her by the fire
Tae dry her soaken claes
She slippit aff her bauchles
Tae warm her cauld taes.

And when she'd etten hertily
And drunk her cup o tea
She spaed my mither's fortune
And did the same for me.

DOG SHOW

Look at aw thae Poodle dugs
Wi curly hair and floppy lugs
And Yorkies wi their ribboned hair
That snowk at ye wi snooty air.

Pekinese that yap-yap-yap,
Fit only for my leddy's lap,
Big Bulldugs and growlin Pugs
Wi slaverin tongues and ugly mugs.

Dugs in orra shapes and sizes
Competin for the cups and prizes;
There's nane amang them that I like
As weel's my ain wee tousie tyke.

MY DOGGIE

My wee doggie
Does lots o tricks,
Fetches the paper,
Brings back sticks,
Chases aw the craws
That steal the hens' feed,
Lowps throu a gird,
Kids he's deid,
Sits on his hunkers,
Gies a paw,
Then he gets
A bane tae gnaw.

MY CUDDIE

Hey Jock my cuddie,
My cuddie's owre the dyke,
And gif ye kent my cuddie
Ye'd say he was a fyke.

He nichers for his brekfast,
He nichers for his tea,
He gobbles up a loaf
As quick as quick can be.

He winna eat my hey,
He winna eat my strae,
But gie'm a sugar lump
And he pesters me aw day.

YELLIE-YITE

Yellie-yite, are ye gyte?
Winna rest tae fill yer kyte.
Fleein on up the loan
Like ye're lost, frae post tae post.

Yellie-yite, dinna flyte,
Dinna lay on me the wyte.
Bide a wee, tak yer rest –
I'll no herrie yer wee nest.

NESSIE

Nessie the Loch Ness Monster
Wad seem tae be gey blate,
And doesna like the scientist chiels
That come, and sit, and wait.

But gif ye want tae see her
Pretend ye dinna care,
Keek oot the corner o yer ee –
Ye'll see her soomin there.

She'll wiggle-humphie-waggle,
She'll goggle wi her een,
Syne disappear ablow the loch
Like she had never been.

STORM

A gale cam gowlin owre the sea
And brocht a great calamitie.

It whummelt ilka ship and boat
Till scarce a ane could bide afloat.

The tempest blew throu oot the land
Felled muckle trees on ilka hand.

The wind cam ragin throu the toun
And lots o lums were knockit doun.

The damage made it plain tae see
It was a great calamitie.

DAISIES

Daddy kills the daisies
Growin in his gress,
Says they're only nesty weeds
That mak his lawn a mess.

Oh if I had a teenie lawn
That was my very ain
I wad let lots o daisies growe
And mak a daisy chain.

CRAWS

Caw, caw,
Black craw,
Gang awa
Tae Elm Raw.
Stop yer capers, stop yer tricks,
Buckle to and gether sticks.
Wale them wisely, wale the best,
Noo's the time tae big yer nest.
Big it in an elm tree,
Whar the wind'll gar it swee.
Big it snodly, like a creel,
And gar yer gorbies sleep weel.

CHOUKIE-HEN

Choukie-hen, choukie-hen,
Ye're the daftest bird I ken,
Scartin here, scartin there,
Scartin caff aw owre the flair,
Scartin till yer taes are sair
Aye scart-scartin.

Choukie-hen, choukie-hen,
Scartin but, scartin ben,
Stealin frae the corn tubs,
Seekin worms, seekin grubs,
Slaisterin in the clarty dubs
And aye scart-scartin.

FOOD

I like marmalade
I like jam
I like a plate
O eggs and ham.

Mince is smashin
Stovies rare
Haggis and broth
Are hamely fare.

MINCE AND TATTIES

I dinna like hail tatties
Pit on my plate o mince
For when I tak my denner
I eat them baith at yince.

Sae mash and mix the tatties
Wi mince intil the mashin,
And sic a tasty denner
Will aye be voted 'Smashin!'

TWA-LEGGIT MICE

My mither says that we hae mice
That open air-ticht tins
And eat her chocolate biscuits
And cakes and siclike things.

Nae dout it is an awfu shame
That mice should get the blame.
It's really me that rypes the tins
When left my lane at hame.

But jings! I get fair hungert
And biscuits taste sae nice.
But dinna tell my mither for
She thinks it is the mice.

HALLOWEEN

First comes the kirn-feast,
Neist Halloween.
I got mysel a muckle neep
Frae Fermer Broun yestreen.

I'll hollow oot the inside,
Mak flegsome een and mou,
Pit in a lichtit caunle
Tae gie them aw a grue.

We're ready noo for guisin
And aw the friendly folk
Gie aipples, nits, and siller
Tae fill the guiser's poke.

We'll feenish up at my hoose
Doukin in a byne
And eatin champit tatties
Like auld lang syne.

DOUKIN

The wee anes sclim upon a chair
Noo doukin time is here,
Grup a fork atween their teeth
And aim it like a spear.

Noo I'm as big as Geordie
I winna need a chair
But catch the aipples wi my teeth
When kneelin on the flair.

And I will be fair droukit
But jings! I winna greet
For naebody will flyte at me
Because I'm soakin weet.

STIRLINS

Stirlins in the gairden,
Stirlins in the street,
Aye a lot a stirlins
Be it fair or weet.
Whiles they're droukit,
Whiles they're braw,
Whiles like sodgers
Mairchin in a raw,
Whiles like scaffies
Gobblin up aw,
Sic a lot o greedy-guts
I never saw.

COME SAILIN

Come intil my boat
I'll tak ye for a sail,
We'll mebbe catch a cod,
A mackerel or a whale,
We'll mebbe catch a mermaid
And we will be enthralled,
But I think it far mair likely
We'll only catch the cauld.

PIPER

The hielant piper in his braws
Heedrom hodrom hi
Pluffs his rosie cheeks and blaws
Heedrom hodrom hielantman.

He gies his oxtered bag a squeeze
Heedrom hodrom hi
And oot the bonnie music flees
Heedrom hodrom hielantman.

Fingers on the chanter prancin
Heedrom hodrom hi
Gar a bodie's feet gae dancin
Heedrom hodrom hielantman.

Some can pipe and some can sing
Heedrom hodrom hi
But I can dance the Hielant Fling
Heedrom hodrom hielantman.

DRUM-MAJOR

Up at the Castle
Lots o people come
Tae hear the sodgers pipe
And beat upon the drum.

I'd like tae be a piper,
I'd like tae be a drummer,
But best o aw I'd like
Tae be the big heid-bummer.

He birls his siller stick,
He throws it in the air,
And when he gies the sign
The pipers play nae mair.

THE TOUN BAND

Up Toorielum Street
Doun Skitterie Brae
The fowk get aw excited when
The Band comes oot tae play.

Wee Wullie plays the trumpet
Big Chairlie beats the drum
In time wi flute and cornet and
The big euphonium.

And we aye merch ahint them when
The Band comes oot tae play
Up Toorielum Street
And doun Skitterie Brae.

ONE-MAN BAND

Clash gang the cymbals,
Bang gaes the drum!
Aw the bairns come rinnin for
The ae-man band has come.

He wheeples on his whustle,
He gars his drum-sticks whirl,
And when he clangs his cymbals, then
Yer lugs will fairly dirl.

And gif we speir him kindly
Tae play a jingo-ring
He'll gar his music fit the words
O onie sang we sing.

EASTER EGG

I've got a smashin Easter egg,
The brichtest ye hae seen.
I'll tak it tae the Queen's Park
And rowe it on the green.

I'll race it 'gainst the ither eggs
And tumble doun the brae –
I warrant we'se hae lots o fun
And ploys on Easter Day.

And when I'm tired o rinnin up
And doun I'll rest a wee –
And gif my egg's no tasht tae bits
I'll eat it for my tea!

A FINGER GAME

Five wee birdies sittin on a dyke.
Ane gaed tae Penicuik tae buy a motorbike.

Fower wee birdies sittin in a raw.
Ane fled tae Jeddart Toun tae see the Hand-baw.

Three wee birdies sittin in a line.
Twa sat on and ane gaed tae dine.

Twa wee birdies sittin on a stane.
Ane took the huff and then there was ane.

Ae wee birdie sittin aw his lane.
Gangs awa at bedtime and noo there are nane.

SKIPPIN SANG

In comes Nannie
Jines wee Annie
Bides wi her Grannie
And Annie lowps oot.

In comes Sammy,
Greetin for his mammy,
Drives his mammy bammy
Withouten ony dout.

In comes Maisie
Fresh as a daisy
Canna say she's lazy,
Kittle as a cowt.

In comes Jennie
Lookin for her hennie,
Bocht it for a penny
Doun in the Plowt.

STREET TALK

There was a rammie in the street,
A stishie and stramash,
The crabbit wifie up the stair
Pit up her windae sash.

'Noo whit's adae?' the wifie cried,
'Juist tell me whit's adae?'
A day is twinty-fower oors, missis,
Noo gie us peace tae play.

'Juist tell me whit's ado,' she cried,
'And nane o yer gab,' cried she.
D'ye no ken a doo's a pigeon, missis?
Noo haud yer wheesht a wee.

'I want tae ken whit's up,' she cried,
'And nae mair o yer cheek, ye loun.'
It's only yer windae that's up, missis.
For guidsake pit it doun.

EASY-OASY

Easy-oasy, warm and cosy,
Sittin by the bleeze,
Drinkin cups o cocoa
And eatin toastit cheese.

There's lichtnin in the lift ootby,
The thunder isna blate,
The rain is fairly lashin doun,
The burn is up in spate.

By jings, we're unco lucky,
We're dry, wi lots tae eat;
Easy-oasy, warm and cosy,
      A coal fire's hard tae beat.

SNAWMAN

We soopit and we shovelled
And made a man o snaw,
Wi chuckie stanes for buttons,
For een and neb anaw.

We gied him Geordie's gravat
And Grandpa's auld lum hat,
We even borrowed Faither's pipe
– Did he no girn at that!

And ilka ane that saw him
Declared that he looked braw.
But och! The thowe cam far owre quick
And meltit him awa.

ROBIN REIDBREIST

Robin, Robin Reidbreist,
Happin on a brier
Oot amang the snaw and ice,
While I sit by the fire.
Tell me in yer bonnie sang
That ye're my freen sae true,
And I shall gie ye meat and drink
The hail winter throu.

YULE

I'm gaun tae hing a stockin up,
I'll borrow my big brither's,
It's bigger nor my sister's ane
And strang-er nor my mither's.

I'll be in bed on Yule E'en
When Faither Christmas comes.
I ken he'll wale oor chimley oot
Amang the ither lums.

On Yule richt early I'll be up
Afore the screich o day
Tae see whit ferlies Santa Claus
Has brocht me for my play.

I hope he'll mind a cuddly bear,
And cups for dolly's tea
Wi lots o ither bonnie toys
For a guid wee lass like me.

BROUN BEARS

When Daddy taks us tae the Zoo
We've lots o beasts tae see,
The Elephant, the Crocodile
The Lion and Chimpanzee.

But I like best when Mammie Bear
Sits up and speirs a bun
And Baby Bear rins here and there
Juist fou o ploys and fun.

I wish they'd let me tak him hame
When for my bed I'm ready,
But seein I'll no can hug a bear
I'll cuddle my wee Teddy.